José Ángel Gómez Carrasco
Lucía Gómez Diez

Donde se detiene el tiempo

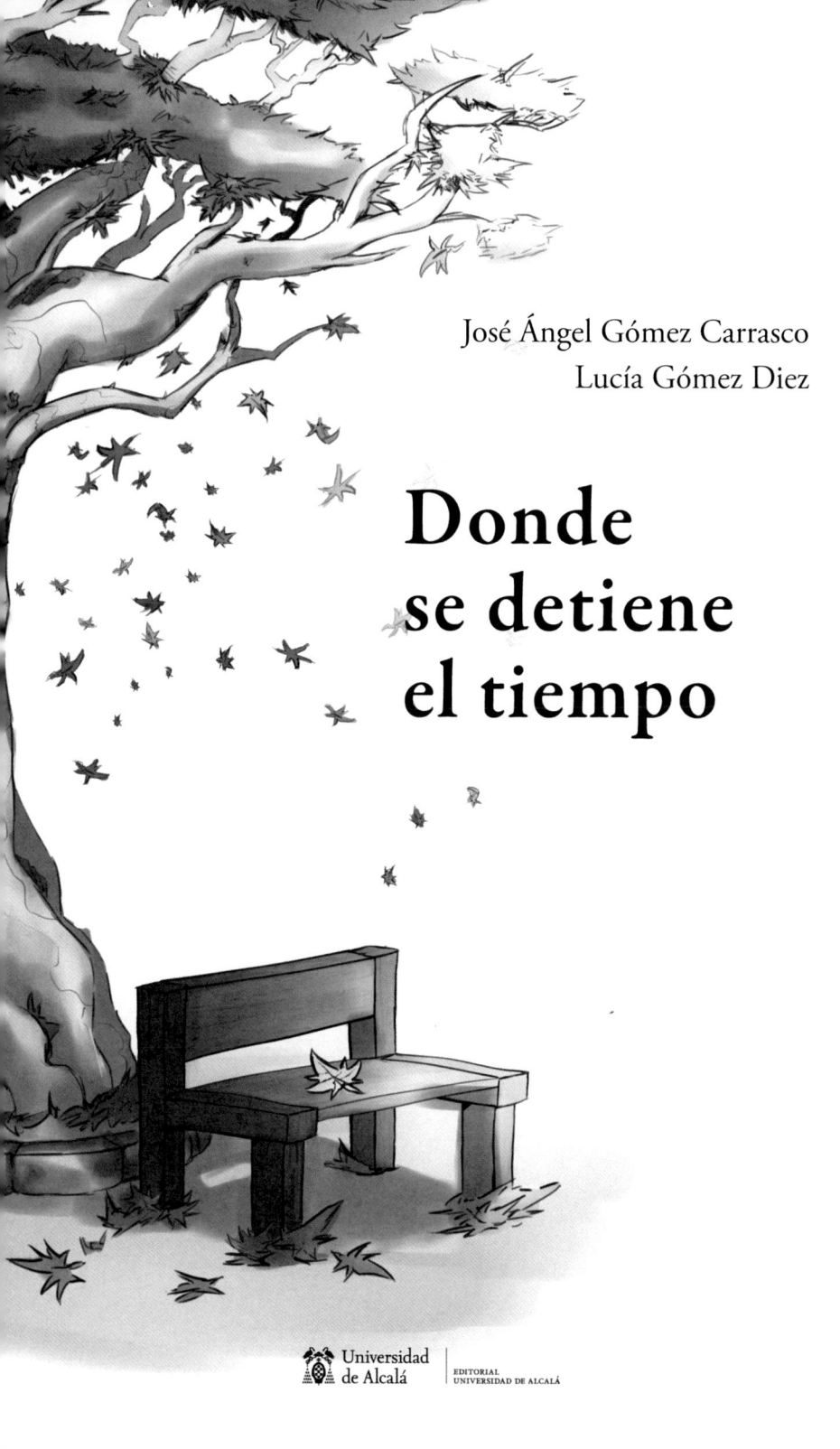

José Ángel Gómez Carrasco
Lucía Gómez Diez

Donde se detiene el tiempo

Universidad
de Alcalá

EDITORIAL
UNIVERSIDAD DE ALCALÁ

© De los textos: sus autores
© Imagen de cubierta: Lautaro Moreno
© Editorial Universidad de Alcalá, 2025
   Plaza de San Diego, s/n
   28801 Alcalá de Henares
   https://publicaciones.uah.es/

ISBN: 978-84-10432-12-3
ISBN electrónico (PDF): 978-84-10432-64-2
Depósito legal: M-5564-2025

Maquetación: Ronda Vázquez Martí
Impresión y encuadernación: Solana e Hijos, A.G., S.A.U.

Impreso en España

"And the wild regrets, and the bloody sweats,
none knew so well as I:
For he who lives more lives than one,
more deaths than one must die."[1]

The Ballad of Reading Gaol (Oscar Wilde, 1898)

Estas frases fueron encontradas en la esquina de uno de los cuadernos de Manuel adolescente. Manuel es mi hijo y hermano de Lucía. La vida prescindió de él al final de la primavera del 2021.

Los que siguen son algunos de los escritos o poemas que hemos necesitado decirnos a nosotros mismos y al mundo. Ha sido tan necesario como respirar, porque de no hacerlo la tristeza nos habría ahogado.

---

[1] "Y el arrepentimiento salvaje, y los sudores de sangre, / Nadie los conoció mejor que yo: / Que aquel que vive más de una vida, / Más de una muerte ha de morir." [Trad. propia]

ÍNDICE

LIBRO PRIMERO

POEMAS DE UNA AUSENCIA INFINITA

José Ángel Gómez Carrasco

LA POESÍA NO ES UN ADORNO

La poesía no es un adorno.
No son flores ni florero,
es el río desbordado
de los dolores de adentro.
Hay lágrimas más dolidas,
aquellas, las no vertidas,
que, duras como diamantes,
muerden como los dientes.
Hoy, en tu honor, no he llorado.
¡Lágrimas para otro día!
A los vientos he implorado,
que, aun apresada mi alma,
por ti levante la frente,
y poder ver en tu cara
tu sonrisa, tan presente.
No hay desgarro en el poema,
no haya rabia ni tormenta.
Escribir en calma quiero,
para quedarme en tus brazos
sigilosamente quieto.

¡NOCHE DE REYES MAGOS! PRESAGIO

Hora de silencio.
Y noche en cuarto menguante.
Respiro y dejo hablar al corazón,
pum, pum, un segundo y otro y otro,
casi automático,
por mí un mundo sin tiempo,
donde reinan Sus Majestades.
¡Mi mundo, por un rato de vuestro ritmo!

Calma os pido,
para mirar el aire.
Para escuchar los sonidos del sosiego.
Con los pájaros, lo voy consiguiendo.
Con el sol confraternizo.
Doy gracias por ello.
Las nubes, siempre viajeras
me sorprenden.
Gracias también por ello.

Desde mi caballo loco
me dirijo a vosotros
y espero vuestra consigna.
Prometo escuchar la llamada,
y estoy listo para lo que dispongáis.

Dentro de otro giro global,
aquí estaré para saludar de nuevo.
Quizá todo se reduzca a giros y vueltas

como peonza, una vuelta y otra vuelta,
otro cielo, otro sol, otra noche.
Como derviche girador
mi danza corre a su fin,
para quedar engullido
en el último gran tornado.

Abrazados y con la sonrisa en los labios,
quedaremos dando vueltas,
en la quietud del trompo eterno.
Así os espero en el próximo giro.
Un abrazo y un saludo,
queridos Reyes Magos.

Y PORTABAS LA CRUZ

Cruz de primavera,
cruz del Señor en tu hombro.
Y el mal había hecho ya la presa.

Orgullo de padres,
orgullo de tradición.
Asombro, emoción,
el nudo en la garganta,
y luna llena en el cielo.

Surcando las calles, hijo del alma,
la cruz en tus brazos,
¡Y tu cuerpo tan herido!
Ignorábamos los males,
agazapado y escondido, el destino.

Seremos el Cirineo
que te acompañe.
Por duro que sea el camino.

PROMETO CUIDARTE

Herido tu cuerpo y agotado,
rota tu alma en mil pedazos,
me uniré contigo en un abrazo,
y pondré bajo tu cuerpo ensangrentado
sábanas de un blanco nacarado.

Manos de madre formarán un lazo,
reposará tu frente en su regazo,
y mirarás sus ojos, confiado.

Lentos y amorosos serán los labios
que besen despacio y suave tu frente.
¡Callen los viejos consejos sabios!
Que sólo la ternura sanará al doliente.
Y, cuando salga el sol con nuevos rayos,
temple tu alma y tu cuerpo caliente.

MATER DOLOROSA. UNA ORACIÓN

Herida por ver al hijo solo,
abandonado y humillado,
con el cuerpo destrozado
y la muerte en horizonte.
Cuánto dolor puede juntarse
en el corazón de una madre.

Vuelve tus ojos a mi hijo,
que su madre hoy es
solidaria en tu dolor,
es compañera del padecer,
es comadre en el sufrimiento.

No permitas que la madre
de mi hijo desfallezca,
recuerda que sois
colegas del mismo dolor,
de un mismo padecer.
Danos la mano y levántanos
contigo, Madre María.

ACOGIDA

Y te acogió el hospital
más acogedor de cuantos
has visitado.
Mentes y corazones,
amigos de manos expertas
te entregaron su saber
con humanidad.

Luego quisiste, imperiosamente,
volver a tu casa,
cueva y útero último.
Allí, sobre sábanas blancas
las manos más amorosas
posaron vendas de algodón
sobre tus heridas.
Fuiste acogido de nuevo
en el útero más confortable
mientras yo, entre perplejo
y admirado de tu fuerza,
te fui entregando los últimos besos
en los últimos días.
Lucía, tu amada hermana,
aplicaba un bálsamo de fierabrás
sobre tu corazón, tan herido.
Cuidamos tu cuerpo,
los fármacos te aliviaron,
pero el dolor era total,
era el dolor del alma,

era el dolor del cuerpo.
Sólo la ternura podría…
Pero a tus treinta ni siquiera
la ternura consigue alivio.

ÚLTIMAS HORAS

En los últimos minutos de mayo
me asombro escribiendo
lo que jamás pensé escribir.
Aquí estoy, anunciando a todos
los que veis nuestra desolación:
mi hijo muere despacio,
dos habitaciones más allá.
Yo en su cama, la suya cuando niño,
él en la mía.
Yo sigo y él se aleja.

Viviste rápido e intenso,
diste con valor la batalla de la vida;
mas, pese al valor
de tu generosa entrega,
has perdido la guerra muy pronto.
Sólo la enfermedad pudo vencerte.
Fuiste el capitán de tu barco
hasta el fin.
La tempestad era terrible.
Sólo los héroes pierden con honor.
Sólo los héroes mueren dando
su última gota de sangre.
Sangre de mi sangre la tuya.
Orgullo de tus padres,
amor de tu hermana.
Pero los héroes mueren jóvenes.

Siempre conmigo.

Los últimos besos son los que te voy dando.

Honores y honras a ti, Manuel.

TU IMAGEN

La imagen de tu destrozo
no ha de quedar entre electrones.
Se ha clavado en la pupila
de tus padres y hermana
como espinas de rosal.

Las delirantes noches
nadie podrá recordar,
sólo tus padres y tu hermana
han escuchado tus ruegos,
tus más íntimos anhelos.
Esos sueños que la vida,
y sobre todo la muerte,
no te han dejado alcanzar.

Quizá en tus confusiones
hayas visto tu vida quebrar.
Quizá hayas realmente visto
lo que nadie más que tú
ha podido imaginar.

Y nosotros, tus padres y tu hermana,
viéndote, oyéndote,
sin poderte ayudar.
¡Hijo, qué quieres!
Fue mi ruego esa noche,
la súplica desesperada
del que no sabe cómo amarte más.

Amor doliente, amor infinito,
amor destrozado y retorcido,
como tu entraña lo está
por el negro y envenenado mal
que morirá contigo.
Morir matando,
matando muere.
Así es tu enfermedad.

RESUMEN

Niño feliz.
Adolescente del mundo
y poco a poco menos de su casa.

Joven trabajador y corajudo.
Soñó la vida,
batalló por ella.

Sólo en el último tranco
la traidora enfermedad,
hiriéndote en lo más profundo
de tus entrañas,
te hizo hincar la rodilla en la tierra.

Aún con la sangre de la herida bañando tus manos
quisiste arrancar la espada.
Casi sin aliento,
te recogimos en blancas sábanas,
te envolvimos en el amor de padres
y extendimos un suave bálsamo de hermana.

Mis ojos verán por ti.
Mis oídos escucharán para que oigas.
Mi corazón latirá por el tuyo.
Estarás conmigo
y sentiré la compañía de tu ausencia.

MANUEL, PASIÓN

Yo conocí una pasión
que a la vida, sin reservas, se entregó.
Siempre esforzado y valiente,
del amor privilegiado, de amigos y de su gente.
Eligió difíciles caminos y nunca se acobardó.
Como si fuera un pirata, cien veces cruzó los mares.
Si tuvo miedo, lo combatió con arrojo,
cuando dudó, decisión.
De su barco eran enseña la lealtad y el coraje.
Y en su mascarón de proa siempre lució la pasión.
Tuvo por nombre Manuel.
La emoción fue su aventura.
La alegría de mis días
y para mi vida miel.
Cuando la flecha traidora
en lo más hondo le hirió,
le asaltaron miedo y dudas,
mas, a pesar del dolor,
apostó alma y corazón
hasta el fin de la partida.
Pasión de nombre Manuel,
sentirla quise con él.
Y en jugada a todo o nada
la suerte se declaró contraria.
¡Herida tan descarnada!
Fue apagando su mirada.
Hasta que, a la oscurecida,

cuerpo a cuerpo, ante la muerte,
le dije lo mucho que le quería.
Y así, su pasión fue quedando
muy despacito dormida.

VALIENTE

Manu enfrentó la vida,
llegó pronto negra sombra
con acerada guadaña.
Peleó como sólo él sabía pelear,
hasta la extenuación y más.
Sabía perdida la batalla,
aun así, la libró
con toda su fuerza.
¡Negra sombra
no te burles de un valiente!

UNA OBVIEDAD

Nos estamos muriendo de pena,
    decimos.
Pero sólo se mueren
    los que se mueren.
Se puede morir con valor
    o cobardemente.
Tanto el que a la muerte hace frente
como el que huye de ella
    tienen las de perder.
Pero, quien se queda,
¿no tiene acaso un punto de cobardía?

PASOS

Se me suceden los pasos
 uno tras otro,
pesados y polvorientos,
 cansados.
A veces el sol abrasa
y en la noche, también a veces,
 hay luna.
Voy despacio, sin rumbo.
Te llamo, no me oyes,
y cada vez me alejo un poco,
 otro poco,
y no quiero caminar porque me alejo.
Quiero sentarme
 y esperar.
Si me paro y hago silencio,
 ¿me oirás?
 ¿Te escucharé?

PERDÍ LA CUENTA

Tres lunas llenas he visto
desde tu noche oscura.
Noventa amaneceres
han visitado mi casa.
Y aunque cien años viviera
ya no podría contar
desde que no estás en ella.

*

Desde tu ausencia
el tiempo se ha detenido.
Todo es lento e intrascendente,
el mundo una adormidera
en la que me dejo ir,
sin rumbo.

*

Me has marcado, hijo,
y no hay remedio.
Cada minuto de tu agonía
es vivido una y cien veces.
Y no me daña.
Tengo la sensación de que
aún te cojo del brazo
para ayudarte a levantar.
Aún siento mis labios
besando tu mejilla.
Mi mano apretando la tuya.

*

No, no quiero olvidar,
quiero seguir sintiendo
tu proximidad en mi pensamiento,
en mi alma,
en esta vida extraña
en que se ha convertido
mi realidad.

TRES ROSAS

Tres rosas hay en mi casa
queriendo celebrar la vida.
Derraman su sangre roja
sobre un solo clavel blanco.
Rubíes esparzo yo
sobre tu cara, tus ojos, tus manos,
porque así fue tu partida,
porque no puedo olvidarte.

PORQUE SOÑÁBAMOS

Porque soñábamos tus sueños,
porque sentíamos tu sentir,
porque alentábamos con tu aliento,
porque no estás,
no te veo,
no te abrazo,
no te beso,
se me han roto los sueños.

¿QUIÉN?

Vi la espada rasgar tus entrañas,
sentí cómo te ibas de mi lado
en oscura noche.

Tuvimos que despedirnos en primavera
y tu ausencia sorprendió al sol del verano.
Si ha habido un cómo,
si hubo un cuándo,
incluso si hubo un porqué,
¿quién decidió tu ausencia?
¿Dónde se esconde el que calla?

Vendrá el otoño y pasará el invierno.
Llevaré mi pregunta donde vaya.

CUARTO MES. CAMPANA DEL RELOJ

Golpes de la campana del viejo reloj;
martillo del tiempo que pretende olvido.
Horas, días, risas, llantos y ruidos
    en carrusel
me dicen que me pierda en soñolienta niebla.
Pero aún quiero llevar la cuenta de las noches
desde aquella en que dejaste la casa.
Hoy, cuatro meses de tu partida,
un sol de otoño, aún fuerte,
ha teñido de rojo las últimas fresas,
    en recuerdo
del último abrazo que le quisiste dar
    a la vida.
Y el viejo rosal de la puerta ha querido
    regalarte rosas.

QUINTO MES. PRIMER OTOÑO SIN TI

Un breve sol entra por la ventana
y todo parece lo mismo:
el propio sol, que ya calienta menos,
tu cama, hoy vacía,
mis queridas imágenes,
a las que no puedo rezar.

Aun así, cada día algo
ocurre por primera vez
desde que dejaste la casa.
Las primeras tardes cortas,
        melancólicas.
El primer viento norte,
frío y disparatado.

Las lujosas vestimentas de los árboles
        vuelan caprichosas,
tornado ya en marrón
su verdor del verano.

Es el primer otoño sin ti.
Incluso me parece que es la primera vez
que puedo decírtelo
sin que se me anude el llanto,
sin que inunde mis ojos la pena.

Quizá es la primera vez que puedo recordar tus abrazos
        sin que el alma tiemble.

Mas no sé si quiero que esto ocurra así,
    sin desgarrarme de principio a fin.
No al menos hoy, aún no,
    no ahora,
en tu quinto mes de ausencia.

PIDO NOTICIAS

Inmenso es el azul de diciembre,
soles calientan mis lentos pasos
y trescientos sesenta son los grados
para mirar sin que me asombre.

A cada árbol le pido,
a cada monte reclamo,
al horizonte demando,
y a los pájaros les digo
que de ti me den noticia.

Porque te quiero presente,
porque necesito la caricia
de poder reconocerte
en el abrazo del viento,
en las estrellas celestes
o en los algodones del cielo.

SÉPTIMO MES. TU PERRO, MI ESCUCHA

Son siete ya los meses que me duele tu ausencia.
Días de hielo para comenzar un año,
    ya sin ti.
Tardes quietas para recordarte,
para sentir la fuerza de tus manos
cuando me abrazabas entrando en la casa.
    ¡Cuánto te extraño!
Hoy tu recuerdo es mi querencia.
Es enero y sólo tienen flores los geranios,
tan frágiles como la vida,
de color nítido y rotundo,
como en mi memoria tu llegada a casa
    en un, ya lejano, mayo.
El viento sur hace sonar la campana del patio,
su sonido es limpio y tierno, como tu voz
en aquel punto de carga del avión que os traía a España:
    "¡Buen viaje, Morgan!", dijiste.
Ésta es hoy la contraseña ente tu perro y yo.

OCTAVO MES. TREINTA ABRILES

Ya es tarde y se van yendo los colores,
el cielo muy despacio se ensombrece.
Tu sueño en mi recuerdo se adormece,
por más que me dolieron tus dolores

y vivieras el mal de los amores.
Quiero sentir, ahora que anochece,
el corazón de tu vida que florece
regresando a mi alma como ardores.

Los años de tu infancia disfrutada.
Viviste odiseas juveniles,
Andalucía fue tu enamorada.

Y llevaste a Cristo entre candiles.
Mas tu pasión de vida fue entregada
cuando apenas contabas treinta abriles.

NOVENO MES. DONDE VIVO

Yo, que viví el sueño de ser
los primeros brazos que te sostuvieron.
Que puedo recordar tus primeros y vacilantes pasos
y los cuentos repetidos hasta el agotamiento,
cuando reías y pedías "otra vez".

Aún puedo sentirte a mi lado, corremos o nadamos.
Eras más fuerte cada vez.
En mi memoria aparece Córdoba y eras feliz.
Orgulloso de ti volví a la casa,
al alba de una sonriente mañana.

En Budapest, a orillas del gran Danubio
me llené de tu sonrisa franca, joven.
En la verde Inglaterra te sentí futuro y coraje.
A la luz del Garona vivimos la alegría del camino.
Fue en Kentucky, tú en Canadá,
en un atardecer de fuego,
cuando te pensé cerca y te sentí lejos.

Apostabas la vida a una partida,
luego, súbitamente una tempestad te envolvió.
Y en mitad de una noche sin luna te arrojó
a una playa, destrozado, sin destino.
Hoy, a veces, entras en mis sueños
y te busco deprisa, no hay tiempo,
pero no encuentro el camino y nunca llego.

Despierto, y llueve y es suave la brisa.
Miles de gotas, como recuerdos, mojan mis brazos,
ya caídos, desnudos, como te recibieron.
Y resbalan sobre mis manos, sin poderlas retener.
Van a la tierra seca, hundiéndose ya en calma.
¿O son mis lágrimas?
No, no lo son, es donde vivo.

DÉCIMO MES. TE PERDISTE UNA GUERRA

Hijo, te contaría cómo pasan mis días,
como fragmentos de tiempo continuo suceden,
asombrado de cómo los hombres enloquecen.

De nuevo hay guerra, y nadie en nadie confía.
Paciente es la oruga que penetra el alma mía.
Y al mirar en torno, ¡veo tantos que padecen!

Somos paseantes de tristeza cuando anochece.
Así se conforman mi orquesta y su melodía
ensayada y torpe, queriendo sentir tu esencia.

En mi estanque adormecido de eternas horas,
salpican súbitos sobresaltos de conciencia,
poniendo nudo en mi garganta, que al despertar llora.

Y giro el dial, quiero sintonizar tu frecuencia,
ondas que, errantes, no encuentran lo que adoran.

ONCE MESES. EN UNA TARDE DE FUEGO

Ya once meses.
Entonces era primavera:
¡Nos vamos al hospital, Amelia, a ver si me arreglan!
saludaste a nuestra vecina aquella tarde.
Ella no te volvería a ver, ni a escuchar tu voz.
Pero estábamos tú y yo, juntos de nuevo,
yo ardía por estar contigo.
Fue una tarde para un destino, ingenuamente feliz.

Cayó la noche en oscura esperanza.
Todo apostado a una carta.
Tu necesitabas creer, yo necesitaba de ti.
Levantamos la baraja y se nos detuvo el tiempo,
nos envolvió una tormenta de tristeza, miedo y silencio.
Veintidós días y veintitrés noches
de una primavera sin flores.

En el tobogán del dolor infinito te deslizabas,
sólo acompañado por nuestro amor y tu miedo.
Tu cuerpo destrozado, inundado de drogas y sueros.
Y, cuando todo estuvo cumplido,
nos apretamos las manos, en silencio,
jamás más sinceros.
Y comenzaste tu viaje, ahora sí, solo, sin destino.

Yo vengo cada día a tu andén,
a esperar el tren que me reúna contigo.

SIN MÁS EXPLICACIÓN

Amarillo en el cielo,
rojo pálido, casi gris, en el alma.
Acuosas transparencias
surcan mejillas,
río abajo.
¿Cómo renacer el día?
¿Como mirar el espejo
de lo que ha sido
sin que se rompa en pedazos?
¡Cuánto pasado!
¿Para cuándo el último...?
Si ya casi todo va siendo último,
como la tarde.

PUNTO DE ENCUENTRO

En medio de una tierra ancha y plana,
lejano el horizonte y sin camino,
desconsolada la memoria me llama.
Me detengo y alrededor miro,
aquí, allí, delante o detrás,
te busco, te llamo y grito:
¿dónde, dónde estás?
Me responde un silencio al que maldigo.

Silencio, no me quites la esperanza,
que mi llanto acabará contigo.

Silencio, no me dejes sin consuelo
porque reclamaré al cielo.

Tierra sin fin ni horizonte,
indícame algún camino,
un punto de encuentro.
Te pido, por favor, una cita,
un lugar en el destino
en el que señalar el centro,
un lugar del infinito
para salir a tu encuentro.

DÍA DE TODOS LOS SANTOS

Dorada por el sol la tarde,
serena la melancolía.
Verdean ya los ocres
que despiden un verano ardiente.

Es noviembre de santos recordados
que vuelven viajeros de eternidades,
como memorias errantes del pasado.
Las ciudades y campos santos hoy repletos
quedarán ajenos a vuestra ausencia
al llegar el ocaso.

Mañana volverá a girar la noria
para aturdir el olvido,
y el recuerdo en la memoria
serán tan sólo unos claveles ajados
que el viento barrerá sin destino.
¿Dónde encontrarte entonces?

En la quietud de un tiempo enlentecido esperaré,
te esperaré junto a ramos deshojados.
Por si un día vuelvo a sentir tu mano recia y fuerte
apretando la mía.
Será entonces el día
de retomar el camino
para encontrar mi destino
oculto tras de la muerte.

JUEGOS Y JUGUETES

Atardece y se van yendo los juegos
con los que nuestros hijos jugaron,
alegrías de un pasado
que se van porque son tiempo,
porque hay que liberar las manos,
porque habrá que dejar lavado
el suelo que transitamos.

La casa la van dejando
igual que tú la dejaste.
Sola, en silencio.
Desde todos los rincones
aparecen los recuerdos,
uno a uno, ya sin queja,
como si fueran jirones
de paño o camisa vieja.

Horas de juego encantado,
y casi sin darnos cuenta,
la vida se iba pasando
sigilosamente lenta.
Erais niños, y la casa una fiesta,
ahora el sol ya de caída
sólo me deja el consuelo
de escribir en pobres letras
que gastamos bien la vida,
¡y sin esperar al cielo!

UN INSTANTE FRENTE AL ONTARIO

Entre la desdicha y la esperanza
la ola era el mar.
Las rocas estaban cerca
y lejana tu mirada.
La esperanza fue sirena,
que con sus cantos de seda
te fue llevando a la orilla
para dejar que tu cuerpo
entre mil piedras rompiera.

Y volviste a ser el mar.

FRONTERA

Los ojos en lágrimas,
unos labios suspirando,
angustiado el corazón,
y en el alma la tristeza.

Estas son las coordenadas
que marcan mi posición.
Son mis lindes, mis fronteras
por si alguien acude al rescate.

VEINTIDÓS MESES DESPUÉS

Viernes Santo, Valladolid en luna,
larga la noche, angustias de madre,
seco silencio de piedad cofrade.

El Cristo a hombros, ¡todos a una!
Cruces y estandartes hacen alardes,
jóvenes llevan los pasos que al dios acunan.

Pero de ti se alejó la fortuna,
de nada valieron rezos,
ya era tarde.
¡Qué sólo quedaste frente al destino!

Prometió Jesús que era la vida,
dijo también que era el camino.
Mas la única verdad fue tu partida
en noche oscura y negra, ¡no fue mito!
Desde entonces busco una fe perdida.

EN LA PRIMAVERA

Espléndida es hoy la primavera,
un sol suave templa
el despertar de frías noches.
Mi corazón se alegra
porque viviste conmigo,
qué afortunado engendrarte
y qué feliz conocerte.
Hoy que no estás cerca,
aunque tampoco estás lejos,
y tu alma está como dormida,
despacito acaricio tu recuerdo,
      y te digo:
que mis ojos te han de servir para ver
      tanto cielo, tanta luz.
Con mis manos has de tocar
      el palpitar de la vida.
Podrás oler esta tierra,
      la que pisaron tus pies.
Y un suave viento,
al pasear por mi rostro,
te acariciará para que vuelvas
a ser bello, como fuiste,
      y sonrías.
Todo esto has de vivir
porque lo sentirás conmigo,
porque tú eres mis días

en todas las primaveras
y en el tiempo al que no siento
hasta el encuentro contigo.

¿CÓMO HACER?

Cómo hacer para seguir haciendo,
    si no oigo tu voz.
Cómo vivir para seguir viviendo,
    si no hay noticias de ti.

Dónde se esconde el destino
de este áspero camino.
Ignoro si quedarán posadas
hasta el fin de la jornada
en donde encontrar alivio
a la tristeza en que vivo.

Perezoso late el tiempo,
el sol me acaricia el alma
y el papel me deja escribir
recuerdos de historias viejas.

A cada rato te añoro y siento.
Entre caminos y tierras corro
y paréceme que vamos juntos.

Mas hoy sólo tengo seguro
que en aire te respiro,
que en cada cielo te busco,
porque te quiero conmigo,
porque me alivia soñar.

NO TENGO A QUIÉN PREGUNTAR

Fue al atardecer de un día
del primer verano de tu ausencia,
igual que hoy eran la luz y el calor,
igual que hoy el cielo era claro
y muy honda la tristeza.

Me senté cerca de casa,
abracé a Morgan, tu perro,
tu "saco de manchas",
y en el llanto pregunté:
¿Morgan, dónde está Manu?

Él, aceptando mis lágrimas,
no pudo darme respuesta.
Desde aquel día he seguido
preguntándole a los cielos:
¿dónde está Manu?

Escucho, y sólo silencio
es la respuesta del eco.
Por ello no hablo contigo,
ni te doy los buenos días.
No habrá preguntas que hacer,
si no hay que esperar respuesta.

Para eso tengo un cuaderno
que recoge mis despojos,

y aunque tampoco responde,
me acoge y deja llorar mis ojos.

Hoy, más de dos años después,
ya no tenemos a Morgan,
no le puedo preguntar:
¿dónde está Manu?

¡Tiempo, ladrón de recuerdos
que desdibuja como niebla
y parece se me borran!
¡No se me vaya la pena
ni me deje la tristeza!
A ninguna gente extrañe,
son de ti lo que me queda
y quiero que me acompañen.

Yo me guardaré en tu sombra
donde las almas se abracen,
donde la niebla no borre
nuestra alegría de amarte.

El silencio es hoy tan seco,
tan profundo, tan hiriente,
que sólo me queda el viento
para preguntar por ti:
¿dónde estás, Manu?

HE CONCERTADO UNA CITA

En el desván del ensueño
anoche vi mis recuerdos.
A un lado eran felices, en un rincón algo oscuro,
definíanse mal los matices.
Como en Alejandría cada rollo era un papiro,
y en cada papiro un trozo de la vida que fue nuestra.
Extendiéndolos los miro bajo una luz que no alumbra.
Desdibujando las caras, las formas y los contextos,
me pierdo algunos detalles, aunque sé que están ahí.
Es mi álbum de la noche, quisiera verlo contigo.
Para poder sonreír cuando vengas de visita.
Recordaremos el tiempo en que fue bella la vida,
la tuya, la nuestra.
Hablaremos de lo que vivimos cuando abrazabas el mundo.
Todo giraba deprisa, nada amenazaba el futuro.
Cuando un cuchillo de hielo se nos puso en la garganta
se nos fue menguando el alma.
Fue noche de luna nueva la que forzó tu partida,
hace veinticinco meses ya.
Mas anoche concerté una cita
para vernos en un sueño
desenrollando papiros,
sonriendo los recuerdos
de aquellos años de infancia.
En esa cita te espero
confiando en tu asistencia,
pero será en luna llena,
para iluminar tu sonrisa
en sombras de una memoria.

VEINTISIETE MESES.
EN UN INSTANTE, TODO

Hace tiempo que se paró mi tiempo.
Fue en una noche oscura y serena.
Acompañé tu sueño, estrené mi pena.
Las paces hago con el universo.

Mas tampoco con el espacio cuento,
y no encuentro sitio en cielo o tierra
en donde verte o sentirte pueda.
Ni tiempo, ni espacio, ni firmamento.

La fuerza de tu mano, al dar tu abrazo,
se ha quedado conmigo, está en mis sueños.
Fue refugio y acomodo tu regazo.

Todo sucedió en aquel instante eterno
al unir nuestros alientos en un lazo.
Sólo ese instante, único, es lo cierto.

SIETE DE ENERO, RETIRANDO TU BELÉN

He retirado muy despacio
una a una las figuritas
de tu portal de Belén sevillano.
Las lágrimas han vuelto solas,
pues no era yo el destinado,
sino tú, con tu Navidad a cuestas
por donde la vida trazabas.

Teniendo mal recosido el corazón,
hoy de nuevo arruinado y roto.
Con un profundo pesar
al cielo le he declarado
que no es cierta la esperanza,
que ni José ni María supieron nunca
lo que la vida tramaba
cuando el niño era tan niño.

Caprichoso fue el destino,
agazapado, envenenado,
en el margen del camino.
Con una cruz de dolor,
con un miedo seco y frío.
Una angustia de pasión
nos rompió el corazón
como si fuera cristal.

Qué dulce fuiste, Manuel,
qué amargo, en cambio, el final.

Como el Jesús cuando niño,
tu vida fue pura emoción.

Creyéndome ya recompuesto,
al retirar tu portal
me he vuelto a descomponer.
Perplejo ante tu Belén
no he podido comprender
por qué no han sido tus manos
las que hubieron de guardar
primorosamente sus figuras.
Las que modeló un artesano,
que, sin siquiera sospecharlo,
me ha transportado a Sevilla,
tu querida enamorada,
y, acaso por un instante,
ha reparado el destrozo
cuando te he sentido dentro
recosiendo el corazón.

Con emoción en el alma
tu casa hoy te ha prestado
cálidas manos, aliento,
y un abrazo de oración.
Tan ausente hoy, tan dentro,
ahogada la esperanza.

QUIZÁ, MANUEL, QUIZÁ

El último recodo del camino y tú el caminante.
    Silencio.
Como el de la nieve cuando cae suave, para no hacer daño.
    Sólo silencio.
Fue tu refugio, y me ha dejado preguntas
    sin posibilidad de respuesta.
Quizá sí, oraste a un Dios inefable.
    ¿O no encontraste sentido?
Quizá sí, hablaste con el Cristo que conocías.
    ¿O te faltaron palabras?
Quizá sí, sentiste que tu vida había sido buena, que valió la pena.
    ¿Lo dudaste?
Quizá sí, sentiste la proximidad de la hermana.
    ¿La soledad no te invadió?
Quizá sí, sentiste el cuidado amoroso de unos padres.
    ¿Te alivió?
Quizá sí, encontraste una explicación a lo inexplicable.
    ¿O quizá después?
Quizá sí, tu silencio fue tu paz.
    ¿Era posible otra?

RAP DE MANU

Cuando me veo Lost
Recuerdo que tengo un Son
Que me da Power,
Y eso es muy Cool.

Cuando voy un poco Wrong,
y no sé bien dónde Go,
él me señala el Way.
Y eso es muy guay.

Entonces enciende My Mind,
Y llegando la Night
Me pongo a mirar el Sky
Que de estrellas está Full.

Entonces, hijo, te digo: talk to me, you!,
¡Dame unos Tips!
¡Que te necesito Coach!
Y me falta mucho Learn.

EL MIRADOR DE LOS FARALLONES

Rojos farallones me contemplan,
lento a sus pies discurre el río,
ya con desgana.

Es un tiempo detenido,
el sol abrasando el alma,
la tierra quemando el día.

Horas sin reloj ni minutos
cuando la vida invade mis ojos,
que son los tuyos.

Un rumor en las hojas del álamo
y el habla indescifrable de los pájaros
escuchan mis oídos,
que son los tuyos.

Indiferente, el viento me acaricia el alma,
suave me susurra que estás,
que somos.

Porque te prometí mis sentidos.
Porque la vida confirma
que eres, que soy,
el río y el cielo,
las flores, los colores.

Eres, soy,
el viento en las mariposas,
en las hojas, en las ramas.

Eres, soy,
el aire que sostiene pájaros e insectos.
Eres lo que respiro y toco.

Somos, soy,
cada lágrima en los ojos,
la emoción, el amor, el miedo.

Somos, soy,
la caricia, el abrazo,
y la fuerza de tu mano.

Soy yo, soy tú.
Porque vivo en ti, vives en mí.
Porque tú no puedes ser.
Porque no puedo ser yo.

TRES AÑOS, TRES MESES

Tres años tres meses
echándote en falta,
sabiendo que ya no vienes,
que no traspasarás esta puerta
de la que fuera tu casa.

Tampoco sé lo que hacer
con el nudo en la garganta
que se agarra, que atenaza,
al despuntar de los días,
al atardecer de las tardes.

DICIEMBRE, 4º AÑO

Sólo le pido al hoy que no me duela la vida,
que mis gentes, mis pilares,
    sigan fuertes y valientes.
Que quien comparte mi vida no tenga muchos motivos
    para llorar por mis duelos.
Que mis hijos sean motivo
    de mis días y desvelos.

Al dolor yo le demando que, aunque las ausencias sangren,
    no me dejen de doler,
que estén en mi pensamiento
    cada minuto del día.
Y que el dolor sea tan suave, que se parezca a una pluma
    aventada por el aire.

Al amor yo le requiero que dé sabor a los días
    y se escriba en letras grandes.
El amor al semejante,
    el amor al diferente.
A todo aquello en que late
    el aliento de la vida.

Al tiempo le solicito que los días sean despacio,
    no se me pasen de largo.
No sea que con las prisas
    se me olvide aquella noche.
Noche de tu despedida,
    tan lejos, y para siempre.

LIBRO SEGUNDO
AMOR DEL BUENO

Lucía Gómez Diez

SEPTIEMBRE 2019

Hoy, sangre de mi sangre, te arrancaron
Del vientre las entrañas y la vida
Y yaces agarrándote la herida
Con el poco calor que te dejaron.

Si los astros o no se te alinearon
No lo sabe tu alma confundida,
Buscaron en tu tripa descosida
Tus ojos la respuesta y no la hallaron.

Cuando te has despertado y has sentido
Tu cuerpo en llamas desde la ingle al pecho,
Has querido saber, mas no has sabido.

Te has dejado caer, todo deshecho,
Consciente de que, aunque aún no te has rendido,
La poderosa muerte está al acecho.

SEMANA SANTA 2021

Cuando estés en el suelo de rodillas,
Sangrando de tu espalda flagelada,
Clavadas en tu frente las astillas
De una corona vil y despiadada;

Y levantes al cielo la mirada,
Tras haber ofrecido ambas mejillas,
Y sientas que no queda ya más nada
Que hacer para escapar las pesadillas;

Aguarda, porque Aquel que en Su agonía
Fue por ti tantas veces levantado
Se acuerda de ese gesto todavía;

Y no hay paso penoso que hayas dado
En esta larga y triste travesía
Que a hombros de tu Dios no hayas andado.

JUNIO 2021

Es muy larga la senda hasta el fondo del río
Y tú has de recorrerla demasiado temprano
"Tengo miedo", confiesas susurrando en mi oído
Y yo no digo nada y te sostengo la mano

Tú no quieres ir solo, yo no puedo ir contigo
Te acompaño a la orilla, ya pisamos el barro
Tú sabes dónde vas, mas yo solo te sigo
Cuanto más te me escurres, con más fuerza te agarro

Pero en el fondo sé que es el fin del camino
Que yo me quedo aquí y tú has de dar el paso
Que te hunda en esas aguas más oscuras que el vino
Y te lleve a un lugar más allá del ocaso

Valiente sin remedio, te arrojas al vacío
Desde entonces mis gritos serán todos en vano
Pues, como la corriente, tú por siempre te has ido
Y yo me quedo en tierra y huérfana de hermano

VERANO 2021

La noche hace más ruido
Cuanto más silenciosa
Y su clamor se posa
En mi pecho aterido.

Yo me entrego al olvido
Que hace tiempo me acosa
Y su lengua rasposa
Me susurra al oído.

Se me empañan los ojos,
Se me seca la boca
Y van mis sueños cojos.

¡Mi esperanza es tan poca
Mientras crecen abrojos
en tu nicho de roca!

***

No ha palidecido aún
Tu nombre sobre la piedra,
Que brilla, como brillaban
Tus ojos con vida nueva.

No trepaba todavía
Sobre tu muro la hiedra

Y ya te cantan adiós
Las ondas de nuestra Esgueva.

Aún resuenan tus latidos
En el eco de mi cueva
Y ya te guardan con celo
Las entrañas de la tierra.

No se ha extinguido tu aliento
Porque la brisa lo lleva,
Sube del mar por el río
Y cabalga por la sierra.

DICIEMBRE 2021

A paso de silencio va llegando el invierno.
Ya se acortan las tardes, ya aparece la escarcha,
Del sol queda la luz, pues su calor se marcha,
Y se sume Castilla en un domingo eterno.

La oscuridad instaura su debido gobierno.
El tiempo da la vuelta y pasa a contramarcha
Y en mi corazón reina una ausencia de jarcha
Por el amado ausente que es mi *habib* fraterno.

Desde el lugar que ocupo, rotando entre dos polos,
Veo la tierra toda quitarse su atavío,
Morir para nacer, según los protocolos.

Y miro tu sepulcro y quiero que esté vacío,
Que, aunque clame el poeta porque os quedáis tan solos,
A mí me aterra más pensar que pasáis frío.

***

Te busco por la calle
Te busco entre mis libros
En los pocos mensajes
Que me dejaste escritos
Te busco en la tormenta
Te busco en cada foto
Te busco y no te encuentro
Ya no existe el "nosotros"

Nosotros contra el mundo
—Se nos hacía pequeño—
Ahora miro al futuro
No estás y tengo miedo
Por favor, aparece
—Amapola entre el trigo—
Demuéstrame que vives
Y que sigues conmigo.

ENERO 2022

A veces, en la noche, despierto sin motivo
Y acude a mi memoria, como un rayo certero,
El recuerdo tiernísimo de tu abrazo postrero
Y me olvido un momento de que ya no estás vivo.

Pues, si cierro los ojos, todavía percibo
Ese beso en la frente de cariño sincero,
Ese olor familiar de tu abrigo de cuero,
Y, en el silencio oscuro, hasta tu voz concibo.

Cómo vas a estar muerto, si te tengo delante
Y te veo, el de siempre, tan nítido, tan claro,
Con tu sonrisa eterna y tu mirada brillante.

¿Cómo vas a estar muerto? ¡Me parece tan raro!
Si tu amor por la vida y tu trabajo constante
Me alumbran todavía y me guían como un faro.

MAYO 2022[2]

Qué extraño se me hace que, de nuevo,
Caigan las hojas sobre las aceras;
Dos otoños sin ti vividos llevo,
Mas ninguna, ninguna primavera.

No hace ni un año que a la nada elevo
Soliloquios de amor por si me esperas,
Y ya otra vez los frutos del acebo
Ilumina una luz breve y ligera.

Tal vez porque contigo se marcharon
Ese calor, que ya nunca tendremos,
De veranos al sol que nos faltaron.

Ahora, solo tu ausencia y sus extremos
He conocido desde que estallaron
En mi casa por ti los crisantemos.

---

[2] Desde Mendoza, Argentina

JUNIO 2022

Pienso, si dejo la ventana abierta,
Que llegarás volando hasta mi casa
Y que entrarás por la rendija escasa
Y que me encontrarás aquí despierta.

Siempre esperando para ver si pasa
El tiempo que hay entre el patio y la puerta,
Pero no pasa nunca, ya no acierta
A andar sin ti el reloj y se me atrasa.

Pienso que, si te abro la ventana,
Te sentiré llegar hasta mi lado
Y será menos triste esta mañana.

Y que me contarás dónde has estado
De tu voz manifiesta, meridiana,
Y todas las respuestas que has hallado.

***

El primer año como el primer día,
Tantas veces después de la primera,
Sin duda seguiré siempre a la espera
De que regreses a la casa mía.

Aquí, sentada al pie de la escalera,
Continuaré esperando todavía
Oírte alzar la voz con alegría

Y abrir la vieja puerta de madera.

Descubrirás que ya quité el pestillo,
Tintinearán tus llaves en la entrada,
Tus pasos sonarán por el pasillo,

Posarás tu maleta magullada
Y desentonarás un estribillo.
Habrás vuelto, por fin, a tu morada.

JUNIO 2023

Me gusta recordarte sobre los blancos muros
Por donde se descuelgan cataratas de flores
De algún patio andaluz que albergó los albores
De tu juventud nueva y cargada de futuros.

Me gusta recordarte envuelto en los olores
Del trabajo en el campo, tan humildes y puros,
El del heno cortado y los tomates maduros,
Del mar y de la sierra, tus exilios de amores.

Me gusta recordarte con la eterna sonrisa
De quien cree en la fortuna del trabajo esforzado,
De quien siembra amistades en la tierra que pisa.

Me gusta recordarte siempre tan entregado,
Todo pasión valiente y voluntad insumisa.
Me gusta recordarte, sobre todo, a mi lado.

SEPTIEMBRE 2023

Hoy han llegado las flores
Del almendro a mi cochera,
Anunciando los albores
De una nueva sementera.

Hoy entra el sol en mi casa
Por una ventana abierta
Y, con su luz aún escasa,
Pregunta si estoy despierta.

Hoy me recuerda la vida
Que el mundo sigue girando,
Y que yo sigo perdida,
Porque te sigo esperando.

OCTUBRE 2023

El crisantemo rosa se ha confundido
Y ha empezado a dar flores en primavera,
Aún después de haber visto en la carretera
Los remolques con heno recién cogido.

Al pie de la albahaca, que ha florecido,
Me he sentado en mi patio a esperar la espera,
Observando pasar, de la cordillera
Al desierto, las nubes, largo y tendido.

Me pregunto si el aire de la montaña,
Que me llega por un recuadro de cielo,
No habrá, tal vez ayer, recorrido España;

Y si es posible que hayas alzado el vuelo,
Cargando el aire de una simiente extraña,
Para traer hasta mí este floral consuelo.

JUNIO 2024

He empezado a pensar que estás en el otoño,
En su luz que a través del cristal aún calienta
Mientras se va a otros pagos con su caricia lenta,
Las castañas caídas y la flor del madroño;

En las hojas que bajan a besar las acequias,
Las montañas azules de acuarela lejana,
En la lánguida siesta de silencio de lana
Y mi mente que vaga imaginando entelequias;

Las nubes de algodón, las cosas amarillas,
Las tardes delicadas como un suspiro leve,
Los insectos pequeños que, tras su vida breve,
Morirán en silencio las muertes más sencillas.

He empezado a pensar que estás en todo aquello
Que me visita el doble y que es ancho y profundo,
Porque yo necesito que estés en este mundo
Para poder creer que aún puede ser bello.

SEPTIEMBRE 2024

Allí estabas, mirando el horizonte,
Oyendo la llamada de la muerte;
Venía ilusionada a recogerte
Y llevarte hasta el muelle de Caronte.

Y ahora no hay ocaso que confronte
La ridícula idea de no verte,
Y baja la marea al no tenerte
Y se detiene el río y tiembla el monte.

Me pregunto si desde alguna esfera
Aún ves amanecer cada mañana;
Si notas que seguimos a la espera

De una señal tus padres y tu hermana;
Si aún existes, eterno y a la vera
De tu amada Caleta gaditana.